Título original: *Caillou Sends a Letter*
Traducido por Alberto Jiménez Rioja
Texto adaptado por Joceline Sanchagrin del guión de la serie animada de televisión CAILLOU, producida por Cookie Jar Entertainment Inc. (© 1997 CINAR Productions Inc., una filial de Cookie Jar Entertainment, Inc.). Todos los derechos reservados.
Guión original escrito por Thor Bishopric y Todd Swift.
Ilustraciones extraídas de la serie de televisión CAILLOU.
Diseño gráfico: Monique Dupras
Gráficos por ordenador: Les Studios de la Souris Mécanique

Círculo de Lectores, S.A. (Sociedad Unipersonal)
Travessera de Gràcia, 47-49.
08021 Barcelona
www.circulo.es
1 3 5 7 9 8 0 1 0 8 6 4 2
Está prohibida la venta de este libro a personas que no pertenezcan a Círculo de Lectores.
ISBN: 978-84-672-2810-6
Depósito legal: LE. 270-2008
Impreso en España
Editorial Evergráficas, S. L.
N.º 05116 A

Licenciado por

www.elasticrights.com

Visto en

Un producto de

caillou™

envía una carta

Círculo de Lectores

Caillou estaba coloreando. Su mamá cantaba. Ella subió las persianas y la cocina se llenó de luz.

—¡Qué precioso día de sol! —exclamó mamá, encantada.

—Voy a hacer un dibujo del sol —decidió Caillou.

Justo cuando empezaba a dibujar un gran círculo en el papel, oyó un ruido extraño.

—¡Ya está aquí el cartero! —dijo mamá.

Un montón de sobres de colores cayeron sobre Gilbert, que dormitaba junto a la puerta. Caillou fue corriendo a recoger el correo y se lo dio a mamá.

Mamá abrió uno de los sobres
con un abrecartas.

—A lo mejor es una carta de una
amiga —dijo.

Mamá sacó un papel del sobre y lo
desdobló, pero no lo miró apenas.

—Es una factura —refunfuñó.

Mamá abrió todos los sobres, pero no se le pasó el disgusto.

—Facturas y nada más que facturas. No me importaría recibir una carta de vez en cuando —suspiró, y salió de la habitación.

Caillou quería que mamá se pusiera contenta al recibir el correo. Se preguntó qué podía hacer él.

Mientras Caillou pensaba y pensaba, su papá entró en la cocina.

—¿Qué pasa, Caillou? —preguntó papá.

Caillou explicó que mamá estaba disgustada con el correo que llegaba a diario.

—A mamá le gustaría recibir una carta bonita —dijo Caillou.

Papá tuvo una idea.

—Caillou, ¿por qué no le envías tú una carta a mamá? ¡Con tu dibujo podrás hacer una carta preciosa!

Sorprendido, Caillou miró el sol que había dibujado.

—¿Podemos mandar mi dibujo por correo?

—¡Por supuesto! Y el cartero lo traerá mañana por la mañana —prometió papá.

Caillou aplaudió. Pensaba que era una idea maravillosa.

—Necesitamos un sobre —dijo papá. Caillou se levantó de un salto. Su dibujo se deslizó por la mesa y cayó al suelo.

—Yo sé dónde están los sobres, papá. Caillou rebuscó en un cajón.

—También necesitaremos un sello —añadió papá.

Mientras Caillou buscaba el sello, Gilbert pasó por encima del dibujo, que seguía en el suelo. ¡Dejó una huella en el papel!

—¡Ay, Gilbert! —se quejó Caillou cuando vio la huella de la pata de Gilbert. Caillou se enfadó con el gato porque había dejado una marca en su dibujo. Luego oyó que se acercaba mamá.

—Caillou, ¿dónde estás? —le llamó. Caillou miró apurado a papá. Si mamá veía el dibujo, la sorpresa se estropearía.

Rápidamente, Caillou escondió el papel debajo de la mesa. Estaba tan nervioso que tenía ganas de echarse a reír.

—¿Qué estáis tramando vosotros dos? —preguntó mamá.

—Nada, nada de nada —contestó papá, haciendo un guiño a Caillou. Caillou soltó una risita.

—Es verdad, mamá.

Mamá se figuró que Caillou y papá guardaban un secreto.

Esa noche Caillou dejó la carta preparada antes de irse a dormir.

—Mañana tendremos que levantarnos muy temprano —dijo papá mientras doblaba el dibujo. Después lo metió en el sobre.

—¡Puaj! —dijo Caillou al lamer el pegamento de la solapa.

—¿No nos olvidamos de nada? —preguntó papá.

—Falta pegar el sello —dijo Caillou.
Después de pegar el sello, Caillou miró su carta lleno de orgullo.

—¡Qué bien!

Pensó que su carta era perfecta. Mamá se iba a llevar una gran sorpresa. A Caillou le costó mucho dormirse porque estaba deseando que mamá abriera la carta.

A la mañana siguiente, papá despertó a Caillou muy temprano. Bajaron la escalera de puntillas para no hacer ningún ruido. Papá abrió la puerta principal con mucho cuidado y salieron para esperar al cartero.

Caillou le entregó su carta al cartero
y le explicó que era para su mamá.

Cuando volvieron a entrar en casa,
Caillou gritó:

—¡Mamá, que viene el cartero! ¡Corre!

Mamá llegó justo a tiempo de ver cómo caían los sobres al suelo.

—Mamá, creo que hoy tienes carta —dijo Caillou.

Caillou apenas podía parar quieto mientras mamá abría su sobre.

—Tienes razón, por fin recibo una carta —dijo mamá. Desdobló el dibujo.

—¡Oh, Caillou! ¡Qué sorpresa
tan maravillosa! Tu dibujo es precioso.
¡Y veo que Gilbert también lo ha firmado!

Mamá se rió. Caillou se puso muy contento.

—Muchas gracias, Caillou. Guardaré esta carta para siempre —dijo mamá, dándole un beso.

—¿Para siempre? ¡Vaya! —dijo Caillou, muy impresionado. Mamá estaba feliz. Puso el dibujo de Caillou sobre el frigorífico.

—Caillou, ¡es la mejor carta que he recibido en toda mi vida!